もくじ

YOTSUBA&!
KIYOHIKO AZUMA

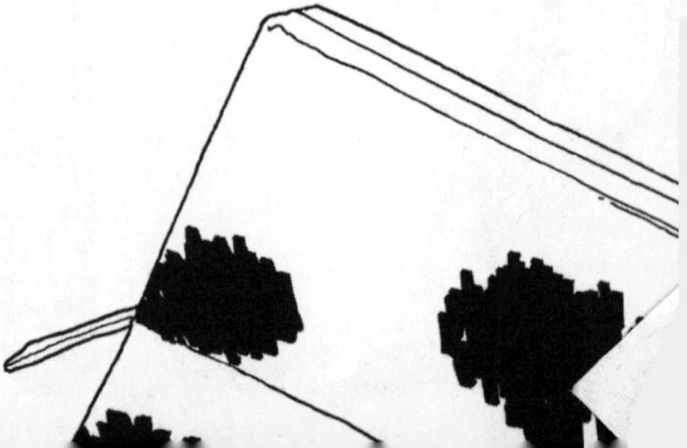

よつばと!

8

あずまきよひこ

ゴッ
ぐぐ
ぐしゃ
あーー
あーー
もー
どうやったら片手で割れるんだ…

も——
も——
いつものやつをもらおうか
とくとく

ゴくゴく
はーー
きょうの
ぎゅうにゅうは
…ちょうしがいいね
あちらのひとにも
おなじものを
たー
ゴく
ゴく
あれ!?
はーー
きょうも
いいちょうし

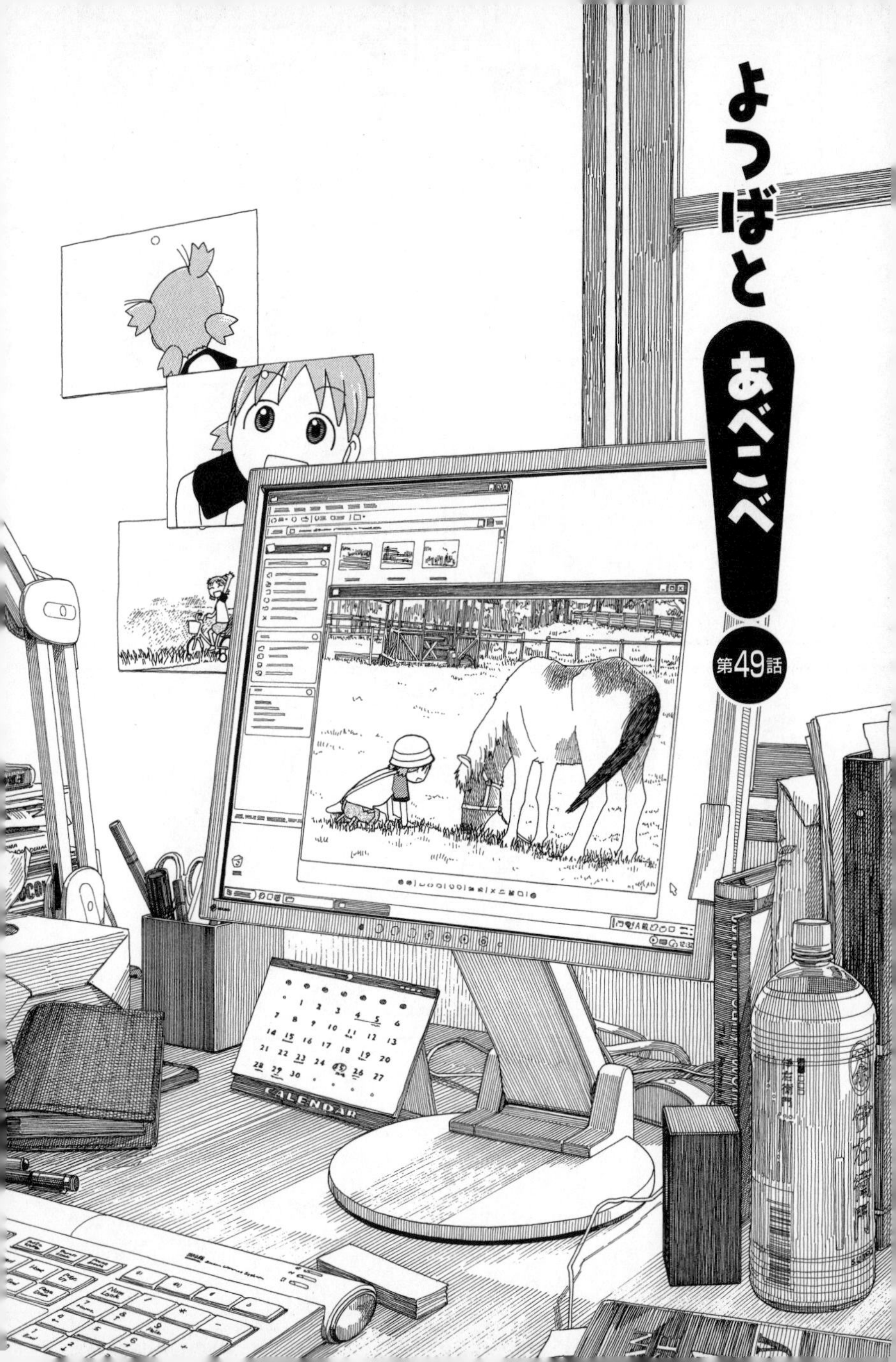
よつばと
あべこべ
第49話
CALENDAR

…そろそろつっこんでおくか
その格好《かっこう》はなんだ
ぼくじょう…
ぼくじょうマン！
さっそく牛《うし》バスタオル使《つか》ってるのか
使《つか》い方《かた》は間違《まちが》ってるがな
はっはっはーー
はたしてそうかな!?
そうだろ…
牧場《ぼくじょう》マンは何《なに》ができるんだ?
……
ぼくじょうマンはぼくじょうができることができる
ぼくじょうマンぎゅうにゅうはいりませんかー
じゃあ1つください

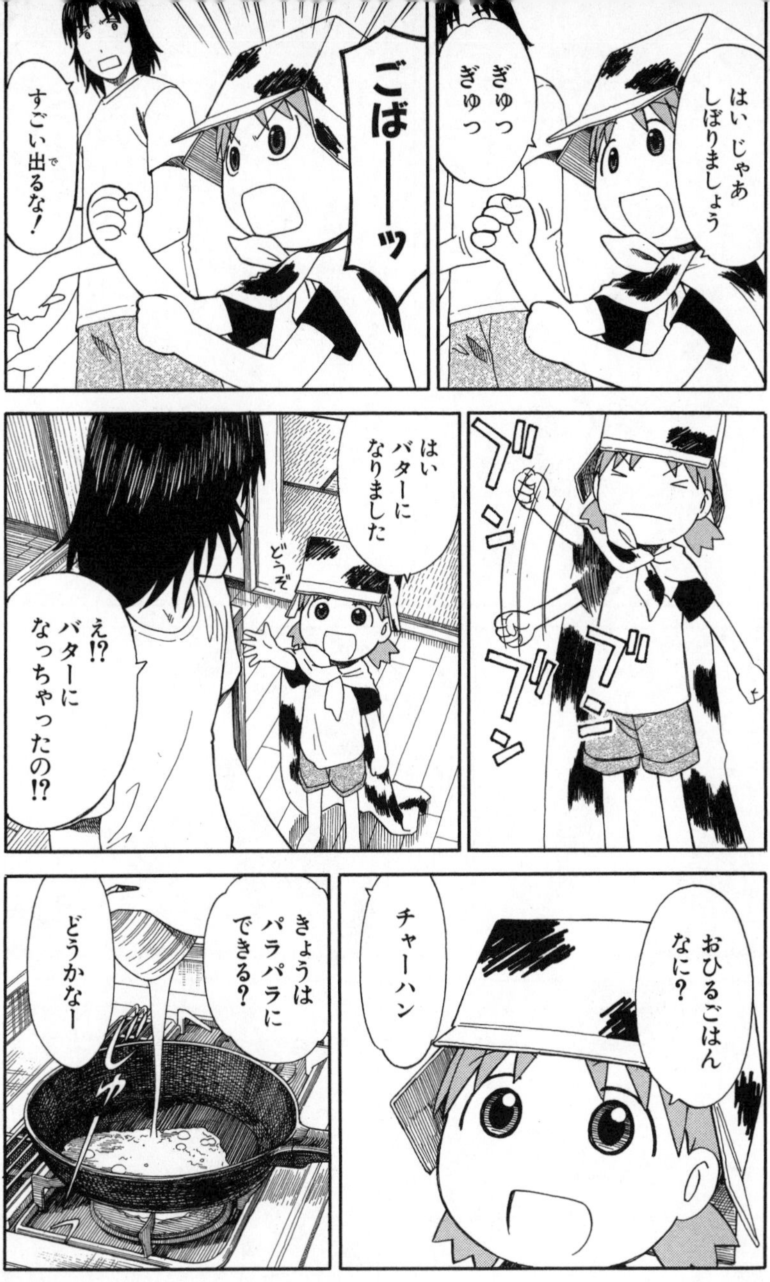
はい じゃあ
しぼりましょう
ぎゅっ
ぎゅっ
ごぼーーッ
すごい出《で》るな!
ブン
ブン
ブン
はい
バターに
なりました
どうぞ
え!?
バターに
なっちゃったの!?
おひるごはん
なに?
チャーハン
きょうは
パラパラに
できる?
どうかなー
じゅー

はー くったー
くったなー
あんまし パラパラと ちがったな
そうだな
もーーー
もーーー
?
ぼくじょう おもしろかったなー
そうだな

あ
おみやげだ
おみやげもってかないと！
ああ
持《も》っていってこい
牧場《ぼくじょう》の話《はなし》もしてあげろよ
おーーー！

ごろん
なによんでる? シンデレラ?
これはねー 通販《つうはん》の本《ほん》
つーはん?
そう この本《ほん》に載《の》ってる物《もの》が 買《か》える本《ほん》なの
へーー

これかえる？
買《か》えるよ
これも？
これもかえる？
それも
ぜーんぶ買《か》える
お金《かね》かかるけど
よつばちゃんなら
どれが欲《ほ》しい？
ん
これ
羽《う》毛《もう》布《ぶ》団《とん》!?
えーーー!?
ホントにこれが
欲《ほ》しいの？
他《ほか》にあるでしょー
んーー
そーなぁー
んー
これ
まくら!?
なに？
ねむいの？

んーー
あれ？何《なに》持《も》ってんの？
ガサ ガサ
おみやげ！やる！
おみやげ？あら ありがとー
どっか行《い》ってきたの？
ぼくじょう いってきた！
へぇーー！おもしろかった？
おもしろかった！
はしるなーって いわれたけどはしって だいじょーぶっていって ゴロゴローーってなって ひつじがにげてった
牛《うし》は？乳《ちち》しぼりした？
それ！
それがだいじ！

うしがこう
こうしたら
ぎゅうにゅうを
だしてくれる
へー
やったのかー
そりゃ
よかったねー
あ バターあめだ
かわいい缶
バター？
おいしいよー
これ
いっしょに
たべよーか？
ころ
ころ
おいしい
おいしい
あのなー
バターもつくったよ
あさパンにつけて
たべた
へぇー
おいしかった？
ふつうだった

じゃあお返《かえ》しに
これ
お父《とう》さんに
渡《わた》してね
梨《なし》
いっぱいもらったから
あげるね
ゆー
おみやげもってきたのに
おみやげもらった!
あべこべだ!

あっべこっべだー♪
あっべこっべだー♫
とん
ぴょん

ガシャッ
あ

ぴょん

ダンッ
ぐしゃっ

おーー！
だいせいこう!!
じん
じん
お
どんぐりだ!!

とーちゃーん
どんぐりはじまったー!
おみやげちゃんと渡《わた》したか?
おみやげもらった!
もらった!?
あべこべだ!
何《なに》もらった?
さてなんでしょー
え? なんだよ 見《み》せろよー
いいものだぞー
あのなー

ぐちゃ…
なんだよ いいものってー
見《み》せろよー
さっ
……
なんで隠《かく》す
…かくして ないよ?
じゃあ 見《み》せろよ
?

よつばとれすとらん

第50話

え!?
あーー!
もう来週《らいしゅう》か
まだ買《か》ってないや 買《か》っときます
浜屋《はまや》さんに おいてるから 知《し》ってる? 駅《えき》の近《ちか》くの呉服屋《ごふくや》
えーと…
本屋《ほんや》の通《とお》りの 信号《しんごう》をこえた とこにーー
あ
ああー なんか あった
とーちゃん
あ
かーちゃんだ

とーちゃん
とーちゃん
ん？
おなか
いっぱい
………
うん
おねむ
なの？
それじゃ
じゃーね
よつばちゃん
どーもー
ただいまー
？

とーちゃん
おなか いっぱい
……
いっぱいなら いいじゃん
おなか いっぱいだなー!!
なんだよ!?

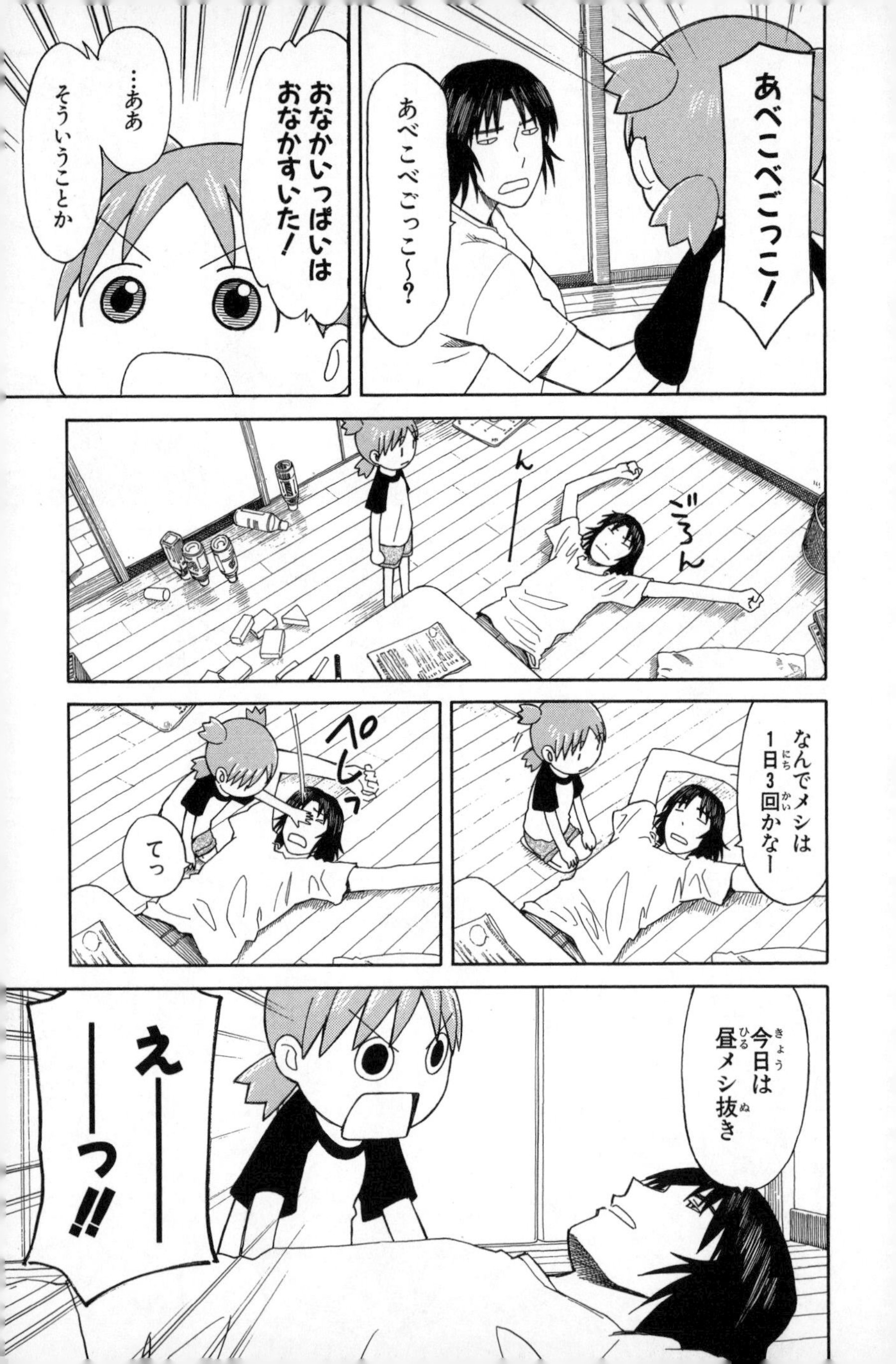
あべこべごっこ!
あべこべごっこ～?
おなかいっぱいは おなかすいた!
…ああ そういうことか
ん――
ごろん
なんでメシは1日《にち》3回《かい》かなー
ぺしっ
てっ
今日《きょう》は昼《ひる》メシ抜《ぬ》き
え――――っ!!

とーちゃん!
とーちゃん!
あべこべだ
あべこべ
ひるごはん・・・
ばんごはんも!?
いや
抜《ぬ》きじゃない
ってことだ
なんで
も・なんだ
で 今日《きょう》は
家《いえ》で食《た》べよう
いえで
なにたべる?
いや だから
家《いえ》では食《た》べないの
?
なにいってんだ?
あー—!
あべこべ
めんどくせーな!
外《そと》に食《た》べに
行《い》くってこと!

そと!
おみせ!? おしょくじ!?
そう お食事《しょくじ》
お――
え――っと
え――っと
こら――!!

SALE
宅急便
くるん
ちゃんとあるけ
どこいく？なにたべる？
そーだなー
とりあえず駅《えき》の方《ほう》に行《い》こう

メシ食《く》ったら後《あと》で はっぴ買《か》いに行《い》こう
はっぴ？
そう 来週祭《らいしゅうまつ》りだからな
？
おまつり あしただよ？
あした？
ふーかの まつり
ああ 文化祭《ぶんかさい》か
そっか よつばはご招待《しょうたい》 されたんだったな
そう！ よつば ごしょーたいされた
そっかー あしたかー
すっかり 忘《わす》れてたよ
とーちゃんは すっかりやさんだなー

COFFEE & RESTAURANT
Lesenyei'S
ここ!?
ここでたべる!?
んーー ここで…
いやあっちの定食屋《ていしょくや》にしよっかなー
さばのみそ煮とか食いたいしなぁ…

いや…
中華も急に食べたくなってきたぞ…
んー…
からん
からん

HAPPY HALLOWEEN
9/27~10/31
いらっしゃいませー

よいしょ
Menu
わあ——

かるぼなあら
カルボナーラ
carbonara
どみぐらすおむらいす
スプレート
スオムライス
は…
はっし…
おい
おまえ一人《ひとり》で来《き》たの?
一人《ひとり》でこんなとこ来《き》ちゃだめだろ
なんでキョトンとする…

あれ？ とーちゃんは？
KID'S MENU
いや 知《し》らないけど…
はぐれたのか？
もしかして おまえ迷子《まいご》なの？
まさか まさかー！
お父《とう》さん ケータイ持《も》ってるか？
番号《ばんごう》は？ メモとか持《も》ってないのか？
けーたい！

どうぞ
え？
けーたいです
あ！カレーだ
とんかつかれえ！
……どうしたらいいんだ…？
あ
KID'S MENU

ばっ
あ！
とーちゃんだ
おそいぞー
はやくーー
KID'S MENU
COFFEE & RESTAURANT
esenyei'S
ぐり
ぐり

悪《わる》いね なんか邪魔《じゃま》して
いえ
ほらよつば あっちの席《せき》に行《い》こう
お姉《ねえ》ちゃんの邪魔《じゃま》すんな
ここ! ここでとらと いっしょに たべる!
だめ!
おまえ うるさいから お姉《ねえ》ちゃんの邪魔《じゃま》だ
じゃましない
こっそり します
だめ とーちゃんがだめって言《い》ったらだめだ
あのーー

別《べつ》に一緒《いっしょ》でもいいですよ
まあ子供《こども》は苦手《にがて》ですけど
よつばは見《み》てて面白《おもしろ》いんで
え？そお？
泣《な》かれても困《こま》るし
スマン
助《たす》かる
なかないから！あんしんしろ！
KID's MENU
どれにしようかなー
どれにしようかなー
税込1,029円)
てりやきチキンの和風ドリ
TERIYAKI chicken doria

ほら よだれ…
そんなに？ そんなにか？
子供用《こどもよう》のメニューもある
KID'S MENU
おーー！ よつばはこっち だったか！
あ！ めだまやき！ おいしそう！
目玉焼《めだまや》き？
これ！
あーハンバーグについてんのか
じゃあ それにしろ
すいません！

はい
ご注文《ちゅうもん》は
お決《き》まりですか？
780円
DRIN
きた！
そりゃくるだろ
お姉《ねえ》さんに
欲《ほ》しいのを
注文《ちゅうもん》してみろ
はいっ
えー
めだまやきを
ひとつ
え
違《ちが》う違《ちが》う
これ読《よ》んでみろ
お!?
えー
こども
ドミ
たま
ハンバーグ
セット
750kcal
680円
です！
はい

あと
地鶏《じどり》のチキンカツ
セット
よつば
これにした
おおいそぎで
おねがいします
おなか
ペコペコなので
はい
よくここ
来《く》んの？
俺達は
初めて
まあ
たまに
あさぎと
待《ま》ち合《あ》わせ
なんで
あ――
なるほど

あ
写真《しゃしん》こないだもらった
いえ
ありがとう
かわいく撮《と》れてたから机《つくえ》の前《まえ》に飾《かざ》ってるよ
あれくらい誰《だれ》でも撮《と》れますよ
しゃか
そう？
しゃか
うーん写真《しゃしん》かあ…
ビリ
俺《おれ》もデジカメでも買《か》おうかなあ
ざーー
あ
あ
これなに？
さとう！
あーー

もう余計《よけい》なことは…
何《なに》してる？
持《も》ってきたのか？ハンカチ
なんだそのかみ…
おしょくじはこーする
お待《ま》たせ致《いた》しましたー
あ！きた！

esenyei's
わーー
ごはんが
おさらだーー
ナイフとフォーク
使《つか》うのか？
無理《むり》すんなよ
スプーンとかはし
でもいいぞ？
おしょくじは
こーするの！
もーー
さいですか
あせ…

んぐ
んぐ
んぐ
ん———♪
まずい!
えっ
KID'S MENU

あべこべごっこ!
あ
ああ…
まずい!
まずーい♪
すげーまずい!!
あ
あー
あべこべな!? あべこべごっこなー!

あり？
こりゃまた珍《めずら》しい組《く》み合《あ》わせな
あさぎはブス！
な
にイ!!

よつばと!

ケーキー♪
うっ
ケーキー♪
うっ
秋の全国交通安全運動
ケーェキーの お・ま・つ・り♪
うー！♪
よつば
バスの中《なか》では静《しず》かに
うん！ ケーキ どんなかな？
たぶん こーんな
こーんな

おしろみたいなやつだな!
おまつりだから!!
え? そんななの? …ホントに?
ケーキー
うっ
ケーキー
うっ
ケーェキーの
おーまーつーりー
うっ♪
よつば
小《ちい》さな声《こえ》で
アイドリングストップバス
紫陽花西高前

よつばと

文化祭

第51話

飛翔!!
祭
紫陽祭
第59回
ホットケーキ 1-6
宝さがし 1-4
DANGO
バザー

OME
パンフレットどうぞー
よろしければこちらにお名前《なまえ》を
あ
わーっ
ザーーー

紫陽祭
ばば
ばば
3-1
よつば 靴《くつ》ぬいで これはけ
かさこう ここ?
そこそこ

トイレ
ぺたん
ぺたん
えーっと
どこに行《い》けば
いいのかな…と
へへー
ぺたん
ケーキなんだよな…
チョコバナナー
3年《ねん》4組《くみ》
チョコばなな
おいしい
チョコバナナ
やってまーす
風香《ふうか》ちゃん
何組《なんくみ》って言《い》ってたっけ?
何年生《なんねんせい》
だっけ?
……
うーん
何《なに》もおぼえてない!
紫陽祭
第59回

とりあえず回《まわ》ってみるか
茶道部
あじさい茶屋
E.S.S.
Peach Boys
桃太郎
SEIBUTSU
生物部
吹奏楽部
焼《や》きそば いかがですかー
おいしい焼《や》きそば いかがですかー
やきそばだって
やめとけ ケーキの前《まえ》におなか いっぱいになるぞ
そう！
ケーキ だいじな！

焼《や》きそばー
あ お嬢《じょう》ちゃん 焼《や》きそばどうかなー？
いらん！
そんなの たべてるときと ちがう！
おなかが もったいない

とーちゃん！
あれはほんもの!?
え!?
なんの!?
どうだろ…
よつばは
どっちだと思《おも》う？
…たぶん
にせもの…

マヨネーズかけ放題
うしろ うしろ
ぐるん
ビクッ
…おまつり みにきたの?
コクン

あくしゅした!
そっかよかったな
演劇部 15:15~16:00
吹奏楽部 9:45~10:15
おばけ屋敷
廃病院03
おばけ屋敷《やしき》でーす
寄《よ》ってってくださーい

おばけ屋敷《やしき》だって よつば行《い》ってこい
おばけやしきって なんだ?
おばけがいるの?
あははは
まさか まさか
こんな所《ところ》に おばけなんて いねーよ
とーちゃんも いく?
あー 大人《おとな》はダメなんだ
よつばだけで 行《い》ってこい
おばけ屋敷《やしき》 楽《たの》しいよー
!

おもしろいってさ
ホレ 行《い》ってこい
ほんとに？
ホントホント どうぞどうぞ
あたま なんか ささってる…
うん はい 入《はい》ってください
いたくないか？ だいじょーぶか？
うん 大丈夫《だいじょうぶ》だから 気《き》にしないで
いってらっしゃーい

ゴロ
ゴロ
ええ――!?
はやっ
ギャ――ッ!!
くらい! なんかいる!
なんですぐ出《で》てくんだよー もう1回《かい》行《い》けよ
いや!!
あっち! あっちいこ!
え――
もうあっち いくの!

おねえちゃんは すぐびょういん いけ？
な？
うん
ありがとう
フランクフルト 2年1組
2年5組のすべて!!
cafe
フランス人
Silhouette Quiz
シルエットクイズ
写真部
写真展示
WANTED
ケーキ♪
ケーキ♪
つまんない
あっち いこ

いかがっすかー
ケーキ いかがっすかー
MENU
パウンドケーキ
プレーン
チョコレート
&
Drink セット
¥150
しまうー!
ぐっ
cafe フランス
ガッ
…よつばちゃん
とーちゃんと ケーキ たべにきた!
あははぁ
cafe フランス人

Bonjour
CAFE
フランス人
2-2
ここがケーキのおみせ?
そうだよーー
いらっしゃいませー
cafe フランス人
&
Drink
セット
¥150
どうぞー
そこで食券《しょっけん》を買《か》ってください
cafe フランス人
あ!よつばちゃんだ
よつばちゃんだ
はー
顔広いなあ
cafe フランス人
cafe
RINK

STAFF
あ
よつばちゃん来《き》たんだ
cafe フランス人
雨《あめ》だから来《こ》ないかと思《おも》った
？
ケーキ！ケーキください！
こいつすごく期待《きたい》してるんで
ケーキ
よろしく
え
ただのパウンドケーキですよ？
パウンドケーキって何《なに》？

う
のぼんな
cafe フランス人
・コーヒー
・紅茶
・オレンジジュース
味《あじ》はどれにしましょう
プレーン
まっ茶《ちゃ》
チョコレート
いちご!
いちごが
いっぱい
のってるのがいい!
えーー
いちごは
ちょっと
cafe フランス人
じゃ
プレーンとチョコで
飲《の》みものはーー
・コーヒー
・紅茶
・オレンジジュース

ケーキーうっ♪
ケーキーうっ♪
はい おまたせ しましたー
わーー!
cafe フランス人

おいしいから！
おいしいから
とにかく食《た》べてみて！
cafe
フランス人
パン？
ちいさいな……
すごい
ちいさいな…
なんか
不評《ふひょう》だ
cafe
フランス人
すっごいのを
想像《そうぞう》してたみたい

!!
大変《たいへん》！
泣《な》きそうだ！
ええ!?
ちいさい…
んけっこー
おいしい
いや
小岩井《こいわい》さんは
いいから！
なんか小《ちい》さい小《ちい》さい
言《い》ってるんで

どんとまるごと買《か》ってください!
こんなに食《く》えねーよ
残《のこ》ったのは包《つつ》みますから持《も》って帰《かえ》って
あれ風香《ふうか》のだんな?
よつばちゃんのお父《とう》さんだって
くそうカッコいいな
そうかな
ホレ大《おお》きくなったぞー

いちごもクリームもついてない
いちごだ！やっぱりいちごだ！
誰《だれ》よパウンドケーキにしようって言《い》ったの
風香《ふうか》じゃなかった!?
！
思《おも》いついた！
まかせて！
しまうー！どこへ!?
大丈夫《だいじょうぶ》か!?

クレープ買《か》ってきた
6組で
イチゴとクリーム!
おお!
cafe フランス人
よつばちゃんこれあげる
クレープ
!
なんだ!? クレープってなんだ?
それ それがクレープです
いちごとクリームだ!
はむ

はー
すごい!
すごいおいしい!
そっかーよかったなー
うん!
やった!
でもこれケーキちがう
もっともだ

よつばと!

よつばと
たいふう
第52話

ガァ
お――っ
とーちゃーん
すごい!
すごいぞ!

ん──？
そと すごい！
あめもかぜも
すごいぞ！
そっかー
そりゃすごいな
そのとおり！
もう
こう…
すごい！
そっかー
すごいなあ
……
ほんとだよ？
どのくらい
すごいのかと
ゆうと…

みて！
みて！
ガッ
……!!
何《なに》やってんだ…

台風《たいふう》がきてんだよ
たいふう
ガタ
ガタッ
ザァッ
おー—
なー—？すごいな？
今日《きょう》は買《か》いもの行《い》けねーなあ
これじゃカサも意味《いみ》ねぇー
ふーん
じゃあよつばはおとなりいってきます
え!?

いや！
ちょっと待《ま》て！
？
待《ま》て待《ま》て
危《あぶ》なそうだから
今日《きょう》は行《い》かなくても
いいんじゃねーか？
だいたい平日《へいじつ》だから
みんな学校《がっこう》だぞ
だめ
かーちゃんが
まってるの！
待《ま》ってる？
きのう
またあしたねって
いったもん
それは…
待《ま》ってるって
ことか？
そう！
……
そうかなぁ…

わかった
今日《きょう》はとーちゃんが送《おく》ってってやるよ
たいふうだから？
台風《たいふう》だから
たいふうはすてきだなー
よつば長靴《ながぐつ》にしろ
そうか

ながぐつ
はいたら
むてき！
ガチャ
ビョオ

うわ…
こりゃだめだわ
よつばはかっぱ着《き》てった方《ほう》がいいな

な!?
とーちゃん
いそげーー!!
いやっ
ちょ…
コラーーーッ!!

あははははは
あははは
うわーーーっ!!
あーー
あーーー!?
ガチャ
ガチャッ
あかないー!?
あれーー!?
ピンポ
ピンポ
ピンポーン
あけろーー!!

こら——!!
何《なに》やってんのあんた達《たち》は——!!

わーー かわいい かわいい
でなー とーちゃんがなー
たいふうだからなー おくってきてくれた
よつばちゃん どーしたの？
それ恵那《えな》の服《ふく》？
びしょびしょで 来《き》たから 着替《きが》えたのよねー
ふーかだ がっこうは？
フフーン 今日《きょう》は台風《たいふう》で 学校休《がっこうやす》みなのだー
おーー たいふうでかー
よつばちゃん 柿《かき》食《た》べようか 柿《かき》
風香用意《ふうかようい》してよ
はいよ
かきー たべるー

あ よつばちゃん
私《わたし》の服《ふく》着《き》てる
えな! いまなー
そとでたいふう
やってる!
知《し》ってるよー
窓《まど》がガタガタいって
怖《こわ》いよ?
そんなこと
ないよ?
そ
そぉ?
ちょっと
そとでてみるか?
でてみるか?
えーー
出《で》ないよー

へい おまちー
かきー
おいいもん食《た》べてる
いただきー
あさぎ！ いまそとたいふう！
うん
ちょっと そとでてみるか？
いやです

……せっかくなのに
なんでかなー
よつばちゃんが来《く》ると何《なに》かとデザートが出《で》るのでいいですにゃー
よつばちゃん食《た》べてるとこかわいいから見《み》るの好《す》きなの
ぱくっ
んぐ んぐ んぐ
ぱくっ

ほんとだ
なんかおもしろい
ね
？
ふーかは
そとでてみるか？
だめ――
よつばちゃん
外出《そとで》たら
飛《と》んでっちゃうよ
とぶ？
そう
傘広《かさひろ》げてたら
ビュ――って風《かぜ》がきて
ピュ――って飛《と》んでっちゃうよ
！
ほんとに飛《と》ぶかも
しんないな

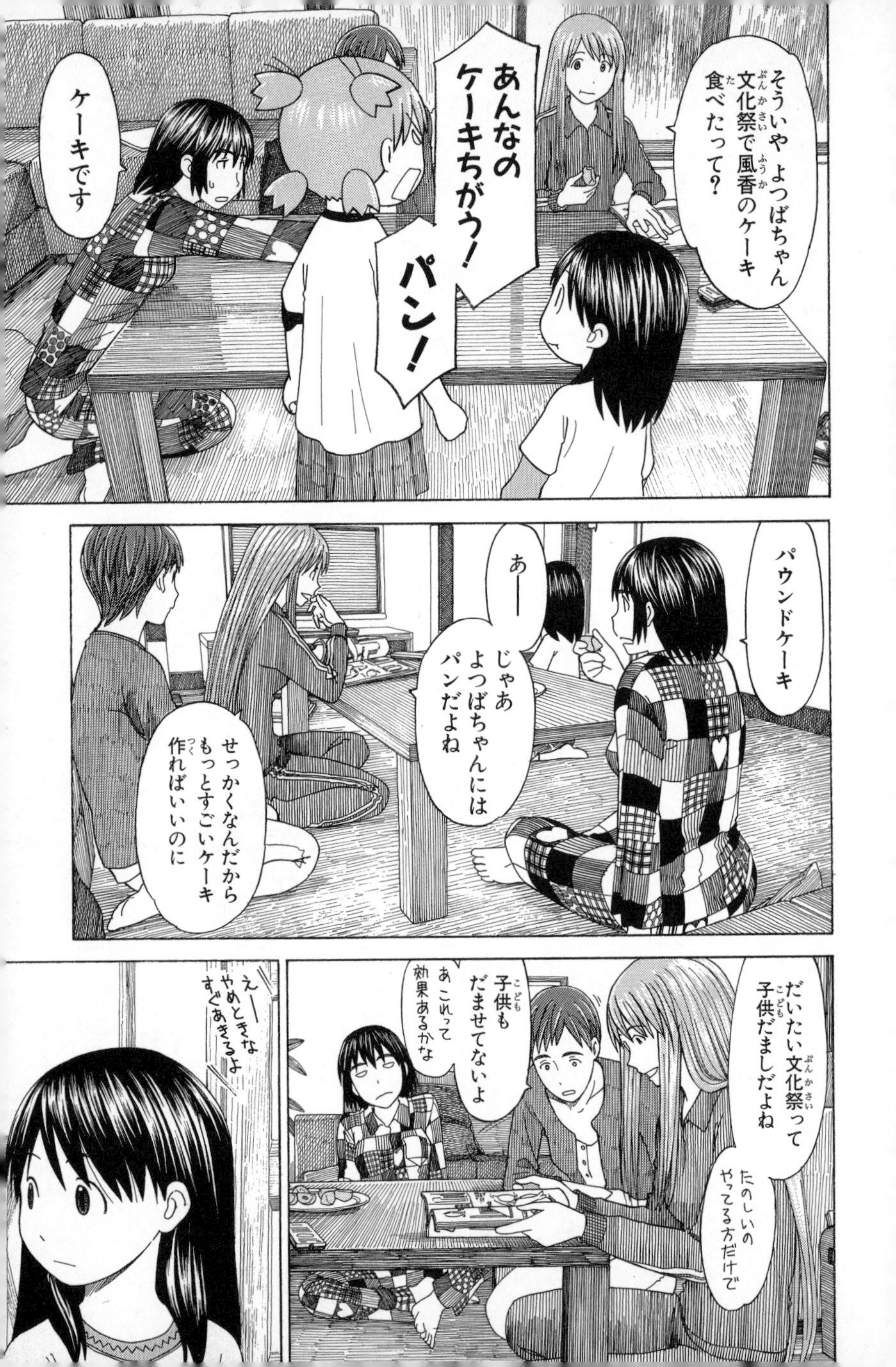
そういや よつばちゃん
文化祭《ぶんかさい》で風香《ふうか》のケーキ
食《た》べたって?
あんなの
ケーキちがう!
パン!
ケーキです
パウンドケーキ
あーー
じゃあ
よつばちゃんには
パンだよね
せっかくなんだから
もっとすごいケーキ
作《つく》ればいいのに
だいたい文化祭《ぶんかさい》って
子供《こども》だましだよね
たのしいの
やってる方だけで
子供《こども》も
だませてないよ
あこれって
効果あるかな
えーー
やめときな
すぐあきるよ

ねえ・・・
よつばちゃん
どっか行《い》ったよ？
うん
トイレ
じゃない？

はー
どんどん強《つよ》くなるなー

よつばと!

よつばと

るすばん

第53話

ん―

あはははは!
ジャンボ みーつけた!
ジャンボ よわいなー
ぜんぶ みつかった

俺《おれ》は
逃《に》げも隠《かく》れもしねえ!!
……
かくれんぼなのに…
かくれんぼなのになあ…
じゃあなー つぎはなー
大体《だいたい》 俺《おれ》の隠《かく》れられる所《ところ》がねーんだよなー

できた！
なんだそれ怪獣《かいじゅう》か？
そう！
ふーかのがっこうにいた！
風香《ふうか》ちゃんの学校《がっこう》には怪獣《かいじゅう》がいるのか
すごいな
たぶんアロサウルスだ
あろさりうすかーー
これはなーおばけ！
おばけもがっこうにいた！
すげぇ学校だなー

これはあさぎー
ほう
おーー
よく描《か》けてる
…でも
よつば
隣《となり》は誰《だれ》だ？

とら！
とら!?
とらって誰《だれ》だ？ ちょっと俺《おれ》にわかるように 説明《せつめい》してみろ？
とらはなー ずっとあさぎと いっしょにいる
だから よこにいる
とらは たばこすう
ぷかーー
とらは かっこいいい！
すごい かっこいいい！
あさぎとくるまで おでかけします
ぶーーん

ガチャ
ガタン
あ！
とーちゃん
かえってきた！
とーちゃーん！
だっ

おかえれ——!!
え!?
ちょっと飯《めし》食《く》わせろよー
あれジャンボさんちィ——ス
うぃーす
ん?小岩井《こいわい》さんはいねーの?
とーちゃんはおしごとででかけてるの!
だからよつばがひとりでるすばんしてるの!
俺《おれ》は?

そっか
まぁがんばれ
んじゃお湯《ゆ》
もらうよー
?
てててっ
そっ

よつばがちいさいから！よつばがちいさいからまもれなかった！
よつばはもう昼飯《ひるめし》食《く》ったのか？

ぴゅ―
おら――っ!!
あ――!! あ――!!
なんだ なんだ
よつばは ぎゅうどん!
ぎゅうどん たべにいく!
なにィ
うん
じゃあ 俺《おれ》もそうしよ

吉野家《よしのや》？あそこの七味《しちみ》うまいですよね
ああ お前《まえ》 ムチャクチャ七味《しちみ》とかしょうがのせて食《く》ってたな
はー
ジャンボ!!
かたぐるま!!
なんだ？いきなり
はやく！
それでふくをよつばごとだ！
？
服《ふく》？よつばごと？
？
ん？こうか？
ちがう！
ああーー わかった わかった
こうじゃねーの？

おーー!
よつば
おおきくなった!!
これでよつば
おとなにみえる!?
おとなっぽい!?
こんなおとな
見《み》たことねえな

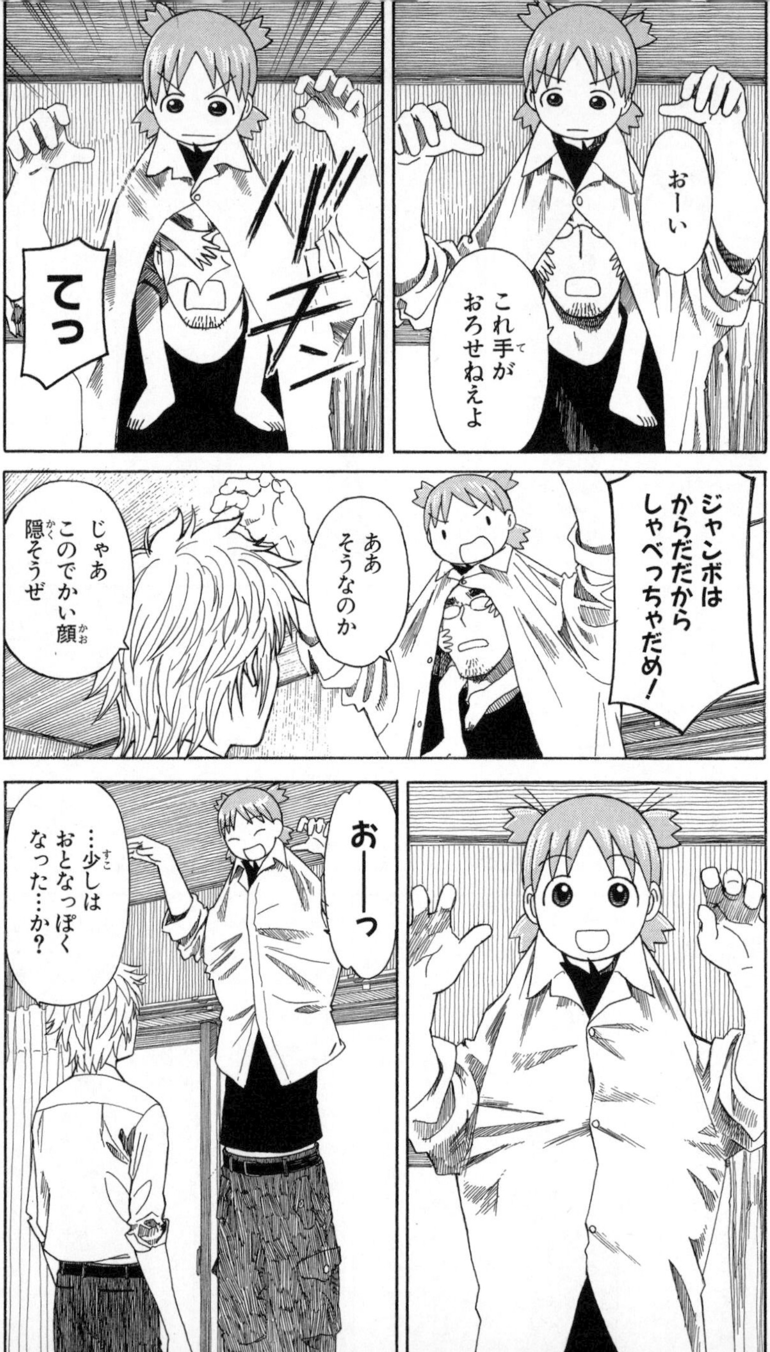

おーい
これ手《て》が
おろせねえよ
バチン
てっ
ジャンボは
からだだから
しゃべっちゃだめ!
ああ
そうなのか
じゃあ
このでかい顔《かお》
隠《かく》そうぜ
おーーっ
…少《すこ》しは
おとなっぽく
なった…か?

よし！しゅっぱーつ！
そのまま行《い》くのか!?
ガン
あはははは
あ！かがみ！
かがみみる！
そっちそっち
ガン

ゴン
あはははは！ぜったいぶつかる
ぜったいだ
は——
おー くるまの やねがみえる！
おまえ仕事《しごと》 終《お》わったら 遊《あそ》びに来《こ》いよ
ああ いいけど 小岩井《こいわい》さん 遅《おそ》いの？

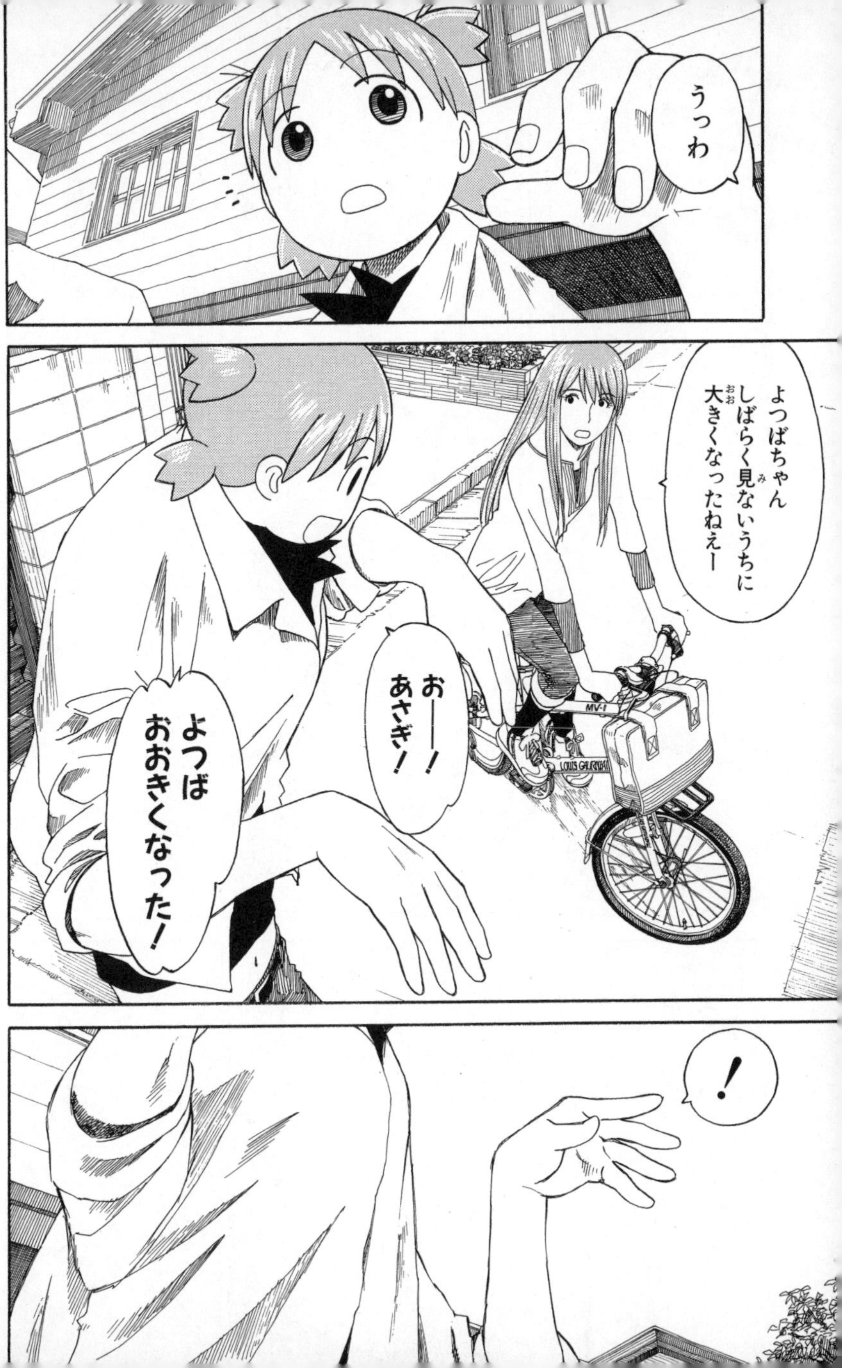
うっわ
よつばちゃん しばらく見《み》ないうちに 大《おお》きくなったねえー
お――! あさぎ!
よつば おおきくなった!
!

あ
あの
しゃべるな!
バチン!
こんにちはー
こんにちは
俺《おれ》は安田《やすだ》って いいます
まあ よつばの 兄《あに》みたいなもんで
ガッ

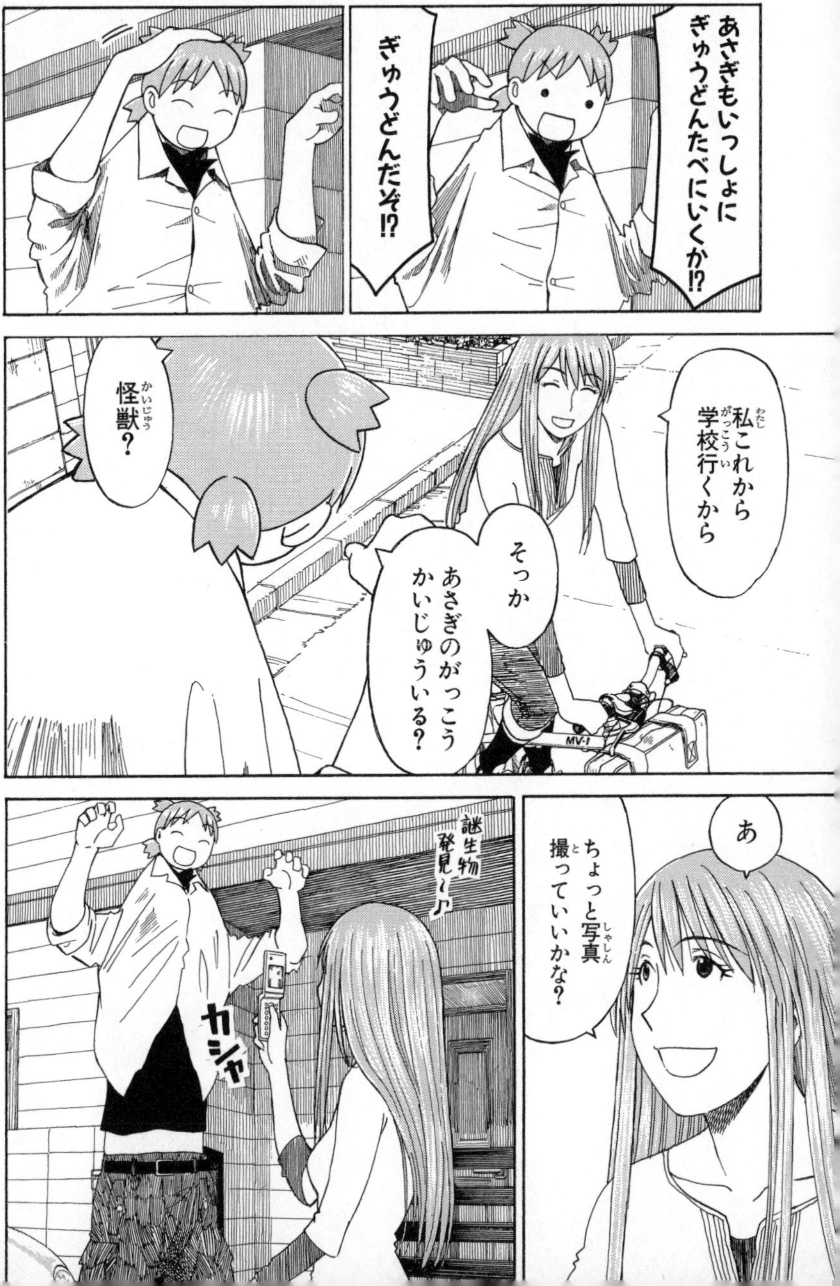
あさぎもいっしょに
ぎゅうどんたべにいくか!?
ぎゅうどんだぞ!?
私《わたし》これから
学校《がっこう》行《い》くから
そっか
あさぎのがっこう
かいじゅういる?
怪獣《かいじゅう》?
MV-1
あ
ちょっと写真《しゃしん》
撮《と》っていいかな?
謎生物
発見~♪
カシャ

誰《だれ》!?
なに?モデルさん!?
さあー 出発《しゅっぱつ》だー
おーー
やんだ ドア開《あ》けろー
え!? 無視《むし》!?
ねー 教《おし》えてよー
ガン

ただいまー
とーちゃんだ！
とーちゃんかえってきた！
だだだだ

とーちゃーん!!
だだだた
あぶなーい!
バシャア

とーちゃん！
それはしんへいきの
みずばくだんだ！
へっへっへー
俺《おれ》が買《か》ってきたのだー
だから
やんだが
わるい！
やんだが
ぜんぶわるい！

おみやげにケーキを買《か》ってきたのにな…
Mercredi
ごめんなさい！
ごめんなさい！
かたづけます！

へっへっへー
みんな
そろったなー
全員《ぜんいん》まとめて
始末《しまつ》してやる
そんなばあい
ちがう!!
ええ!?
かたづけて!
かたづけて!

よつばと！

バン
えなー!!
おまたせ——!!
おはよう よつばちゃ…
ビクッ
ガシャン

何《なに》やってんだ おまえ
あけるの まにあわなかった
今日《きょう》は よつばちゃん のりのりだね
つくだにの こと!?
え!?
なんのこと!?
おまえ 元気《げんき》だなーって ことだ

はっぴ
はっぴだから!
これがはっぴです
あははは
はっぴだから
ハッピー
え⁉
なんのこと⁉
いまのうそ!

よつばとおまつり
第54話

おかし!?
おかし
もらえるの!?
うん
おわったら
もらえるんだよ
おーー!
おかし
もらえる!
がんばった子《こ》しか
もらえないぞ
がんばる!
なに
がんばる?
えっとねー
山車《だし》を神社《じんじゃ》に
ひっぱってくの
だし?

山車《だし》ってのはなぁ…
…えーと
神様《かみさま》の乗《の》る車《くるま》だ
それをみんなで
はこぶの
かみさまはこんだら
おかしもらえるの？
そう
そういうこと
おかし
くれるなんて
さすが
かみさまだ！

おーー!
おっはよー
みんな はっぴだ
はっぴだ
かーちゃーん きたよーー!
あら よつばちゃん
かーちゃんも はっぴだー
おはようございます
おはよー

今日《きょう》は がんばりなよー
うん! がんばる!
がんばる!!
す すごい はりきりようだね
かみさまは どこですか!?
神様《かみさま》?
ああ 山車《だし》か
あれよ

たいこだ!
ドーン

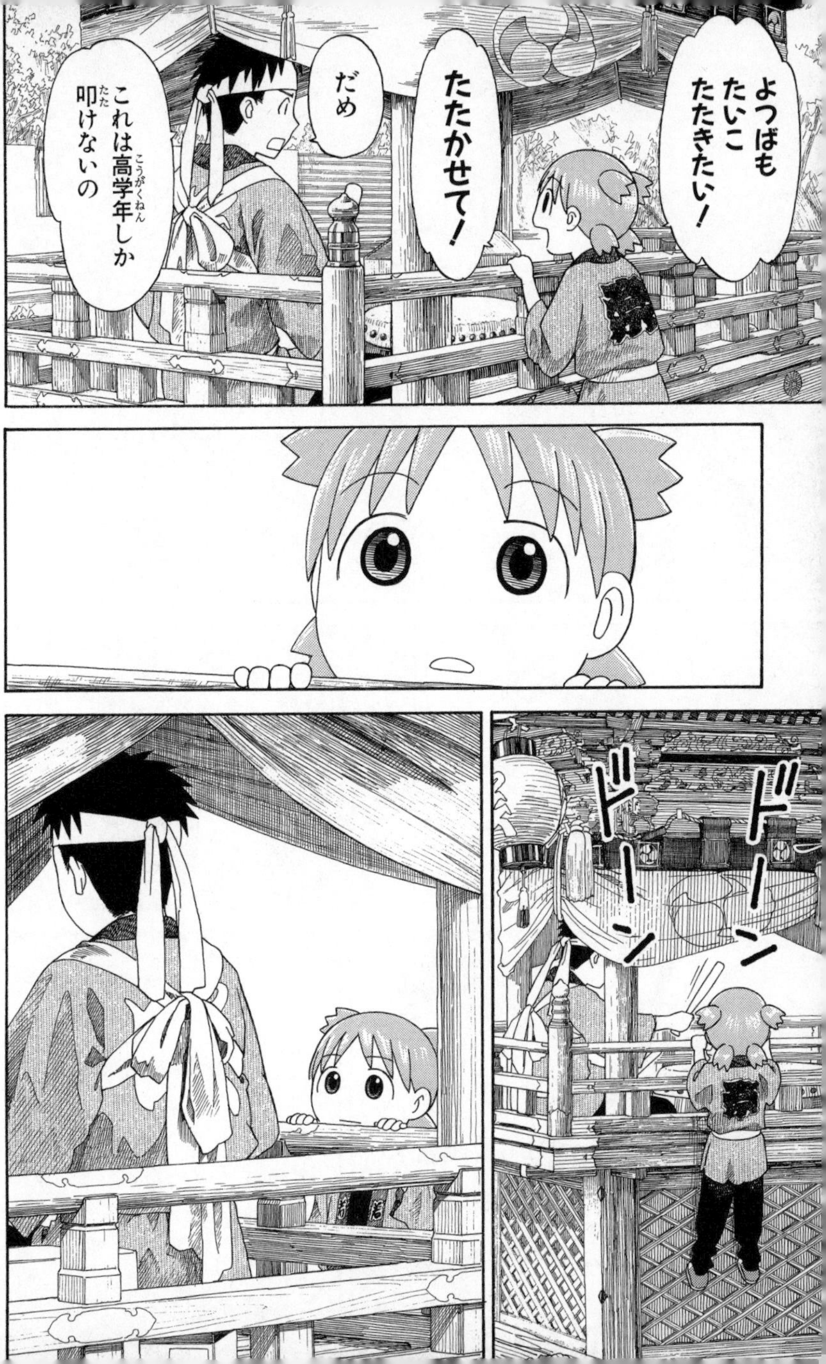
よつばも たいこ たたきたい!
たたかせて!
だめ
これは高学年《こうがくねん》しか 叩《たた》けないの
ドーーン
ドーーン

ひろくん
ちょっとだけ叩《たた》かせてやってよ
ふーか
特別《とくべつ》だからな
いいって
ありがとー!!

どーん
2000ml
どーん
どーん

とーちゃーん
たいこ
たたいたー!
そっかー
よかったなあ
風香《ふうか》ちゃんも
来《き》てたのか
ありがと
いえー
私《わたし》は子供会《こどもかい》の
お手伝《てつだ》いです
えらいよー
この子《こ》はー
こういう時《とき》は
いっつも手伝《てつだ》いに
来《き》てくれるからねー
へえー
そりゃえらいなぁ
そういうトコで
カバーしていかない
とね
えっ
カバーって
何《なに》を!?

ふーか！
きょうがんばったら
おかしもらえるんだぞ
そだよー
だからか!?
ふーかも
だからか!?
私《わたし》はおかしなんて
…別《べつ》にですよ？
おかし いつ
もらえるのー
なんこ
もらえる？
アポロある？
ふーかちゃんも
おかしもらう？
ふうかちゃんの
おかしくれる？
キーック
コラーッ！
くそガキー!!
子供《こども》にも受《う》けが
いいんだよねー
あ…

おーい
子供達《こどもたち》
集合《しゅうごう》ー
ほら
集《あつ》まれって

奉納
えまりまちこどもかい
よーし
出発するぞー
この縄《なわ》をひっぱって
歩《ある》くんだよ
いちばん
まえ!
いちばん
まえにいく!
お よつばちゃん
じゃないかー
!

奉納
よお
ひげもじゃ!
どうだ？
自転車《じてんしゃ》は
はしったり
ころんだり
してる!
よしよし
それでいい
ひげもじゃ？
そう!
ひげもじゃで
じてんしゃやさんだから
ひげもじゃ!
そのばさばさ
なに？
どうなるの？
ひげもじゃ
だって
ひげもじゃ
あ——……
えーっと…
わしゃ

わしゃ
わしゃ
こうしたら
頭《あたま》がよくなる
!
なってきた!
あたまよくなってきた!
おっ!?
きょうは…どようび!
おー――
頭《あたま》いいな
よーし じゃあ
行《い》くぞ子供達《こどもたち》
今日《きょう》はどんなに
大声《おおごえ》出《だ》しても
怒《おこ》られない日《ひ》だ
せっかくだ
元気《げんき》よくいこう

よーい やさー!!
よーい やさー
!
もっと大《おお》きな声《こえ》で
よーーい やさーー！
よーい やさーー！
もっとうるさく！
よーいやさー!!

よーい
やさー!!
よーい
やさーー!!
どーん
どーん
よーーい
やさーー!!

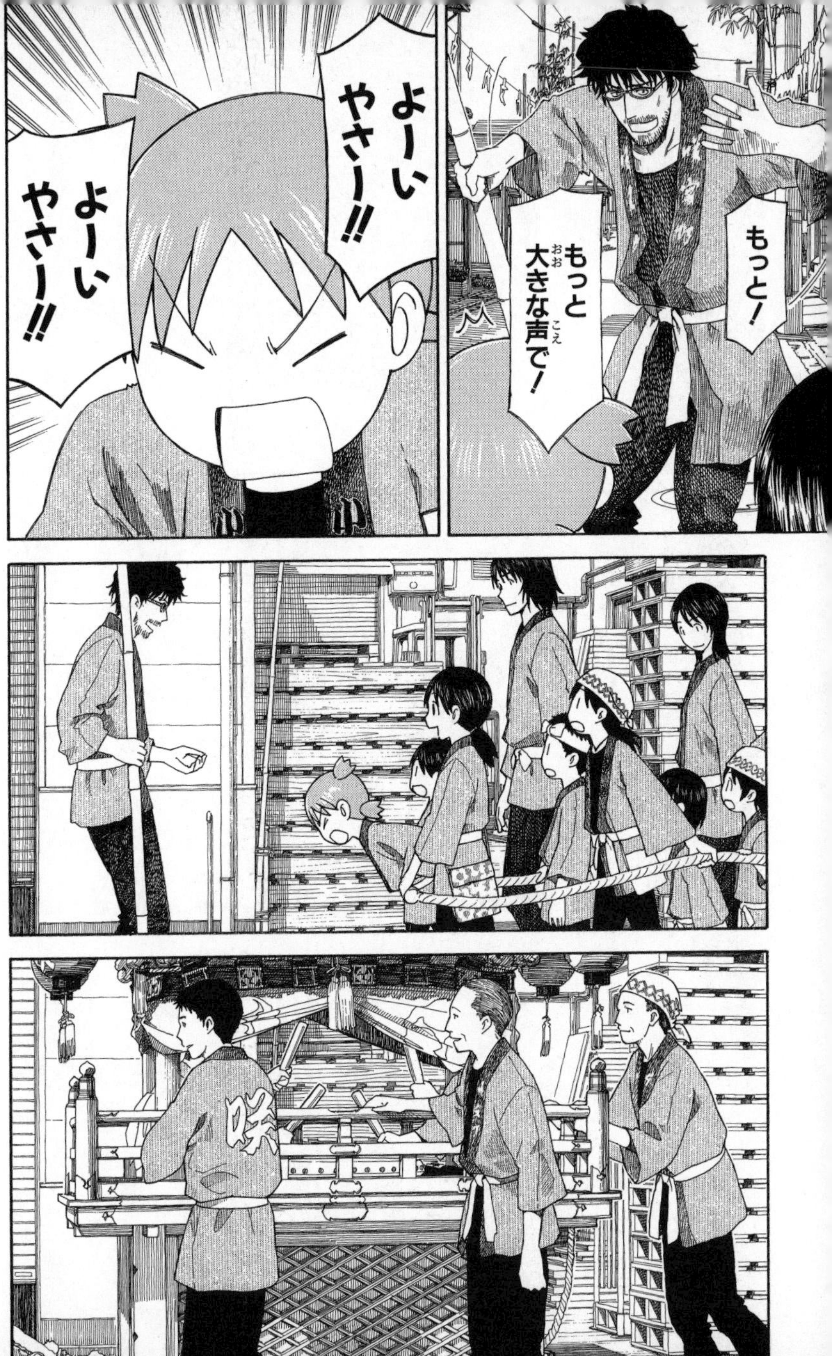
もっと!
もっと大《おお》きな声《こえ》で!
よーい やさー!!
よーい やさー!!

とーちゃん！これくらいがんばったらおかしもらえる!?
そうだなー
それで最後《さいご》までがんばったらもらえるな
よーいやさー!!
よおいやさあああ!!

祭
咲
くるまも
とまってくれる!
すごいねー
がんばれよー
がんばります!
がんばりますので!

お?

……
なんか すごいの いる
すごいの？
あ
天狗《てんぐ》だ
てんぐ!? なんで ついてくる!?
えっと… なんでかな？ お祭《まつ》りには いっつもいるよ？
……
おまつり だいすきなのか？

こわいの？よつばちゃん
……
こわいが？
えなはこわくない？
…私《わたし》はもう
ヒッ
!
よ
よーいやさー！
!?
よーいやさー！
よ
よーいよーい…

よつばは わかる!
あれは おめん!
おめんをとれば にんげんにもどる!
ギャーッ!!
よつばは がんばる
がんばり ますので…
……
それは はな?
御神燈

車両通行止
9:00~22:00
みちのまんなかとおってる！

きょうはおまつりなので
しかたないので
みちのまんなかを
とおるけど
まいにちは
はしっこを
とおるんだよ
あぶないので
うん
カン
カン
はいよー
ストーップ
じゃあここで
一旦休憩《いったんきゅうけい》だー
ごくろう
さーん
おかし!?
まだまだ
おかしじゃ
ないけど
ジュースがあるよー
!

ちがうかみさま きた!
よその町《まち》のだよ みんなだんだん 集《あつ》まってくるよー
とーちゃん! あっちのほうが おおきい!
あれは大人用《おとなよう》 だからな
御神輿《おみこし》だ

祭
これはすごい!
かっこいい!
あ!あっちにも
!

あっちにもてんぐいる…
よつばちゃん天狗《てんぐ》こわいのー?
!?あのてんぐ…
ものすごいでかい!
てんぐのおやだまだ!
あれって…
ギャーッ!!

はーーっ!!
とーちゃん!!
安心《あんしん》しろ!
よつばは俺《おれ》が守《まも》る!
とーちゃん!
とーー
ちゃーーーん!!
よくもー!!

は――っ
ぽか
ぽか
ぽか
は――っ
こっ
こわいっ
ぐお――っ!!
お俺《おれ》は
一体何《いったいなに》を…
ジャンボ!
ジャンボ
だったのか!?
めがさめたか!?
ああ
よつばのパンチで
目《め》が覚《さ》めたようだ
なんだこれ
しんでる?
しんでる
しんでる

ジャンボ てんぐとしりあい？
いき かえった！
ジャンボさん 天狗だー！
よつばちゃん うちの町《まち》の 神輿《みこし》が来《き》たよ
うちのも 大《おお》きいぞー
みうらちゃん あっちの大人《おとな》のに 行《い》ってるんだよ！
へ？ なんで？
なんか こーんな こーんなの するやつ
なにっ!?
そりゃいかん!!

よし！みんなで見《み》に行《い》こう！
なにー？なにみるのー？
お
やってるやってる

おーーっ
かっこいーっ
みうら
おひめさま!
よやーー
さーー

咲
若頭
よーい
やさーっ!!

なんだ 見《み》てたのか
見《み》てたよー かっこ よかった
うんうん かわいい かわいい
似合《にあ》ってんなー
……
あんたも 似合《にあ》ってるよ
怖《こわ》いよ
またどっか 連《つ》れていけよ
あ
ハワイ もう行《い》った？
来週《らいしゅう》
みんなー みうらちゃんと一緒《いっしょ》に 写真《しゃしん》撮《と》ろうー
カメラ もってきたー！

すいませーん!!
よつばは天狗《てんぐ》の横《よこ》で撮《と》ろうか
!
いいです
遠慮《えんりょ》すんなホラ
いいです
まあまあ
!
わるいことはするな!!
なかせるきか!?

みうらちゃん かわいかったねー
あはははははは!!
なに!?
あのひと!
おしりだ!!
おしりまるだし!
あはははは
おとななのに
あれはフンドシっていってああいう物《もの》です
はきわすれてる
あははは
わすれてません

ててっ
おしり!
ぱーーん!!
こら!
よつばちゃん!
すいません
おしり
でてるよー
子供達《こどもたち》集合《しゅうごう》ー
出発《しゅっぱつ》するぞー
ほら
出発《しゅっぱつ》だよ
おしり
ぺし
おしりは
いいから!

がんばってー
神社《じんじゃ》はもうすぐだよ
おかし！
おーー！
けいさつだ
おかし？
おかし！
おーー！
おかし！
おーー！
勝手《かって》にかけ声《ごえ》変《か》えないでくれるかな

さあ最後《さいご》だ！今日一番《きょういちばん》でかい声《こえ》を出《だ》せー！
よーい
やさーっ

じゃあ今日《きょう》はごくろうさん明日《あした》ももう1日《にち》あるからがんばれよー
おかし おかし
はーいみんなおかしがあるから持《も》って帰《かえ》ってねー
並んでー

はい よつばちゃんは すごく がんばったねー
ふ〜棒さん太郎
チョコ太郎

とーちゃーん！すごい！
いっぱいもらったー！
いっぱい！
どれかひとつでなく！

よかったねー
よつばちゃん
よかったー
ほんとに
よかったなー
はーー
たべほうだいだー
でもとーちゃんが
いちどにたべたら
だめって
ぜったいいう
そうだな
さいしょのは
どれに
しようかなー
じゃあちょっと
その辺《へん》の店《みせ》を
見《み》ていくかー
よーいやさー!
やきそ
金魚 すく
ョコ

よつばと!

よつばと
どんぐり
第55話

ナポリタン
いただきまーす!
いただきまーす

それ なんだっけ
タバスコ 辛《から》いやつ
たばすこ
よつばが かける
かけて あげる
どのくらい？
ちょっとで いいよ
じゃあ ストップって いってください
カショ カショ カショ カショ
うっわ!!
ストップ！
ストップ!!
ストップ!!

は──
ちょっと
むちゅうになった
どうぞ
げほっ
げほっ
マーブル
Cola
チョコ
太郎

ん──
何《なに》やってんだ?
おかしは
1日《にち》1個《こ》だぞ
たべる
じゅんばんに
ならべてる!

へーー
予定《よてい》たててんのかえらいな
よてい!?これよてい!?
そうだな予定《よてい》だな
よていかーー
今日《きょう》は今《いま》から買《か》い物《もの》に行《い》く予定《よてい》
！そうだったのか！
じゃあかいものにいかないと！
おかしはしまっとこー
なにかうよてい？
秋《あき》の服《ふく》を買《か》う予定《よてい》
おーー

よつばがかぎしめる！
ガチャコ
がらがら
しゅっぱーつ よーいやさー！

たんぼがきりぬかれてる
せいがでますねー
あははは
ありがとう
おまえ難《むずか》しい言葉《ことば》知《し》ってんな
あれはたんぼのひとにいうことば！
ばーちゃんがいってた！

がらがら
でっかいこうえんだ!
むかしここでえなとみうらとおえかきした!
むかし
何個ひろったー?
うーん なんこかなー

どした?
よつばもどんぐりひろう!!
?
どんぐり?
どんぐり
ひろう
よてい
いや予定《よてい》じゃねーだろ

ひろいたい!
どんぐりひろいたい!
ひろいますので!
いやいいけど…
なにがそこまで

とーちゃん どこ!? どこに どんぐり!?
んーー どっかの木《き》の下《した》だ
ない ない
ばっ

あっ
たーー!!
ズザッ
こっちも!!
こっちにも!!
落《お》ち着《つ》け
はー…
すてき…
ほうせきのよう…
すてきすぎる…

でもよつば よく見《み》つけたな
とーちゃん 1個《こ》も見《み》つからん
あった！ いっぱい ある！
んー？
あ あった
お あるある
ああ 座《すわ》ると 見《み》つかるのか
でかい！ これは でかい!!

ほっとくと
いつまでも
やってそうだな
ほら！
いっぱい！
お――
ほんとだ

ちょっと
おやつに
する
チョコレート
なんだ
持《も》ってきたのか
ちゃいろだ…
とーちゃんに
あげる
ありがと
きいろ!

お
あのはっぱ いっこだけ あかい!
とーちゃん あきしってる? おしえてやろうか?
ほう 教《おし》えてくれ
いろんなものが あかくなったりする…
きとか やまとか うみとか
へぇ—— 海《うみ》も…
それからおなか ペコペコになる
ふーかが いってた
あ あかだ

よし!
もっとどんぐりひろう!
いっぱいひろって
それでふくをかう
そんな手《て》が…
あとどれくらい拾《ひろ》えば服買《ふくか》えるんだ?
んーー
じゅうごこ
じゃあとーちゃんも拾《ひろ》うか
本気《ほんき》で
ほんきできたか…

おー！ここいっぱいあるー！
よつば よつば とーちゃん こんなの拾《ひろ》ったぞ
！ おおきい
わー いいなー
いいなー
それと——
帽子《ぼうし》つき
!!
ずるい!!

とーちゃん ばっかり そんな
すてきな…
じゃあ よつばも 見《み》つけろよ
そういうのは こどもには むずかしいの!!
そお?
じゃ やろうか?
いらん
じぶんで みつける
お
まつぼっくりだ
でも松《まつ》ぼっくりより どんぐりのが上《うえ》だな
また でっかいのあった

ペし
なんだよー
投げんなよー
!
おおお!!
でかい!
でかいのあった!
でかい!
おー
やるなー

あ またあった！
すごい！
よつばは
どんぐり
ひろいびとに
なれるかも
しれない…！
あ とーちゃん
また帽子《ぼうし》つき
見《み》つけた
！
それ
よつばの！
なんでだよ

よつばと! 8

2008年8月27日　初版発行
2011年8月24日　13版発行

著者=あずまきよひこ

発行者=髙野潔

発行所=株式会社アスキー・メディアワークス
〒102-8584 東京都千代田区富士見1-8-19
☎ 03-5216-8398(編集)

発売元=株式会社角川グループパブリッシング
〒102-8177 東京都千代田区富士見2-13-3
☎ 03-3238-8605(営業)

印刷・製本=図書印刷株式会社

小社ホームページ http://asciimw.jp/
初出=月刊電撃大王　2007年11月号、2008年1~5月号(メディアワークス刊)、月刊電撃大王 2008年7~8月号(アスキー・メディアワークス刊)
Printed in Japan　ISBN978-4-04-867151-4　C9979

企画・制作=よつばスタジオ 里見英樹

よつばと!

ENJOY EVERYTHING.

つづく